Bibliografische Informationen
der Deutschen Nationalbibliothek:
Die Deutsche Nationalbibliothek verzeichnet diese
Publikation in der Deutschen Nationalbibliografie;
detaillierte bibliografische Daten sind
im Internet über www.dnb.de abrufbar.

Herstellung und Verlag:
BoD – Books on Demand, Norderstedt

ISBN: 978-3-7347-5989-5

BilderRätsel

— — ❁ — —

Dieses Buch enthält ein Bild von einer
Frauenbrust und viele Schweine.
Darum empfehle ich es erst ab 16 Jahren.

Setze die Bilder zu einem sinnvollen Wort zusammen
und schreibe die Lösung darunter.
Viel Spaß!
Ob allein oder zu zweien,
16 Jahre musst du sein.

Die Lösungen stehen auf den letzten Seiten. Aber!
Nicht schummeln, sonst macht es keinen Spaß mehr.
Am besten, einer kennt die Lösungen und bringt
bei schwereren Rätseln den anderen auf die Fährte.

Noch einmal, VIEL SPASS,
wünscht euch die Zeichnerin Maren Roloff.

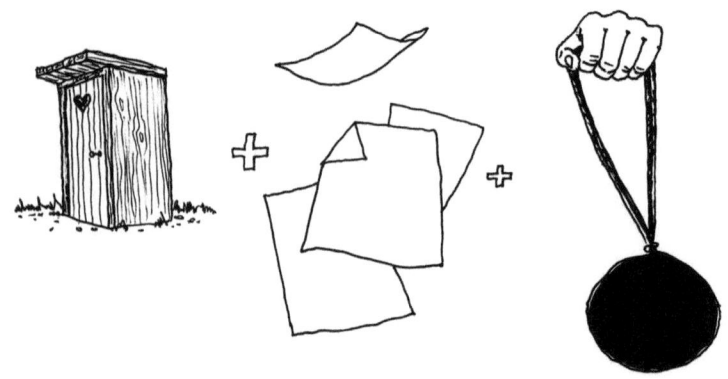

März
April
·····
Juni
Juli

+

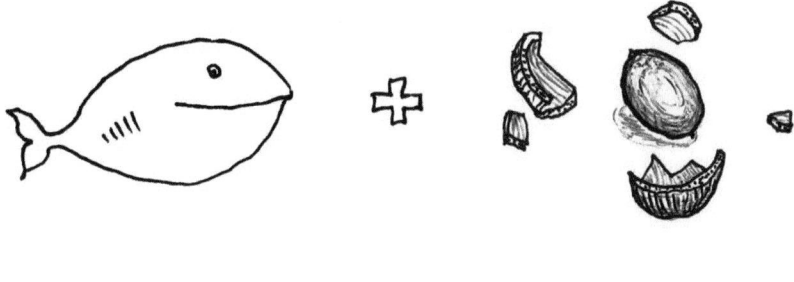

+

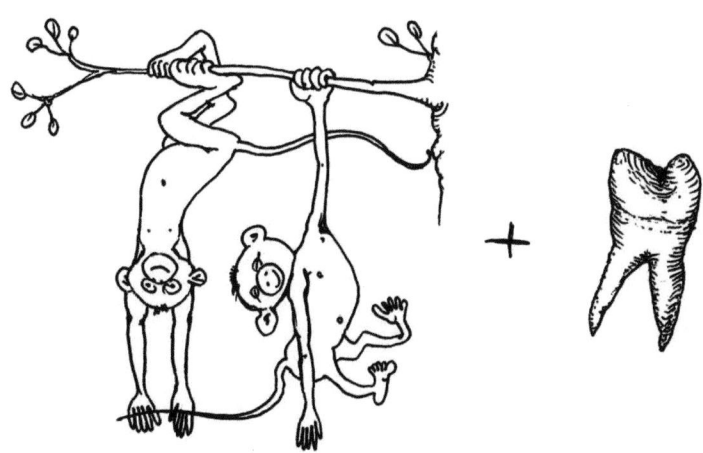

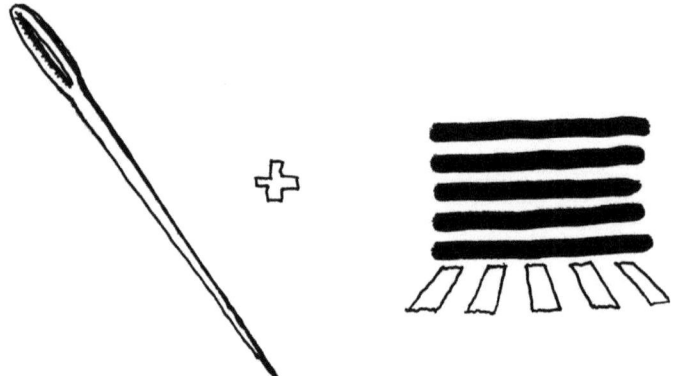

Fa + kir

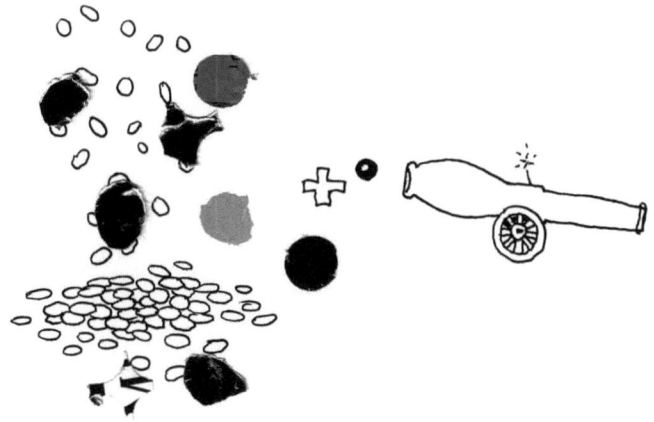

 +

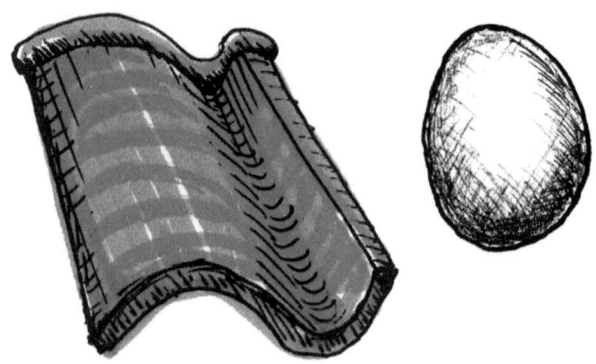

mit

e

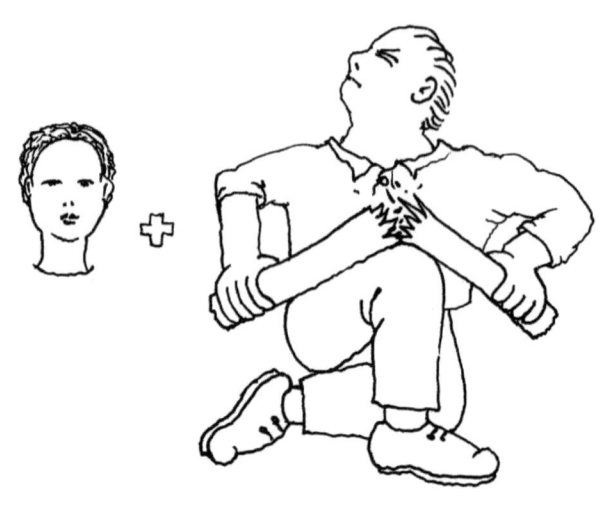

mit g

schmetter links Netz

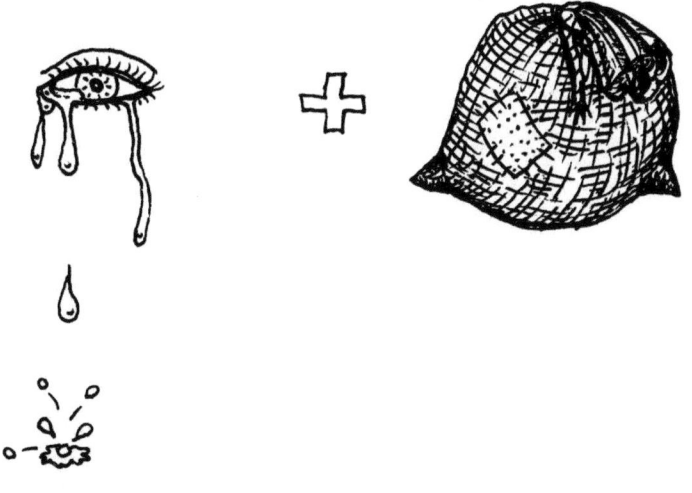

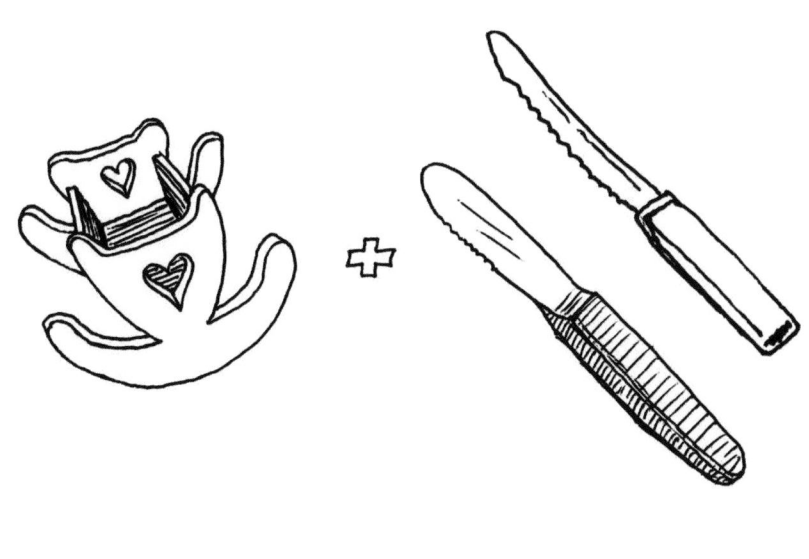

 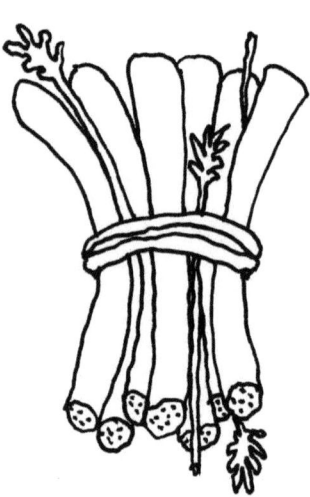

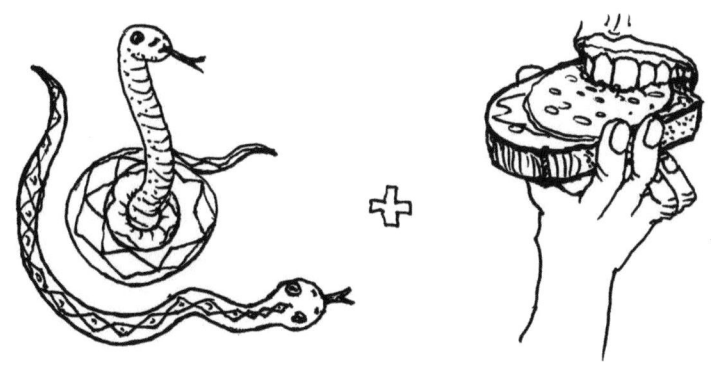

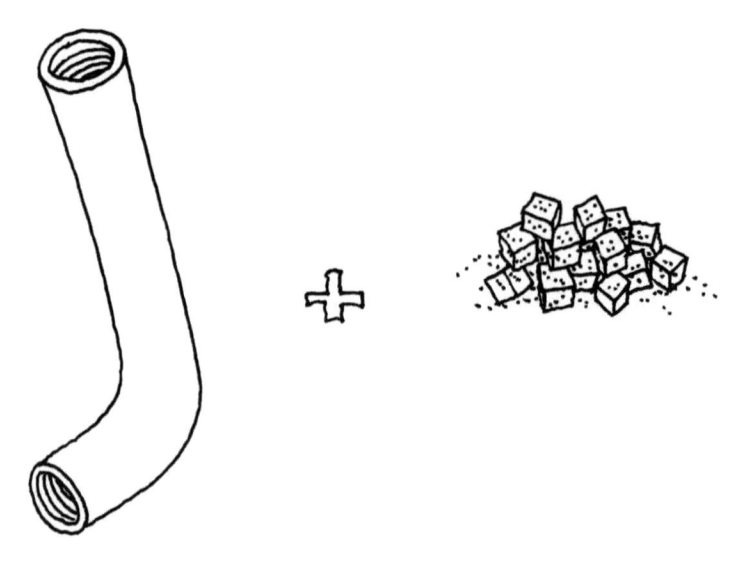

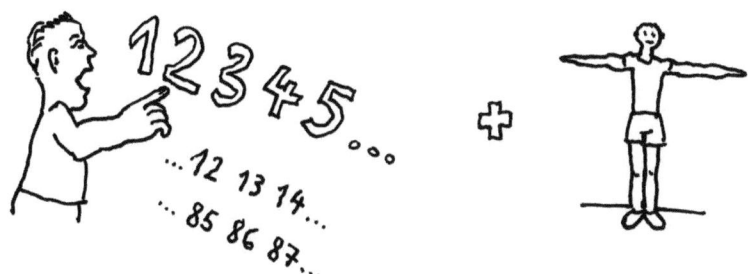

17

i +

18

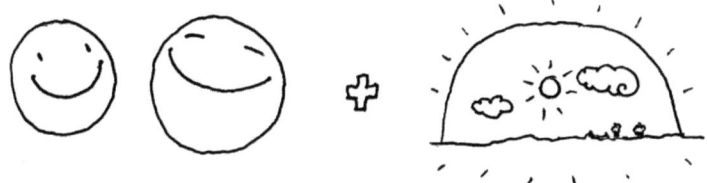

happy day !

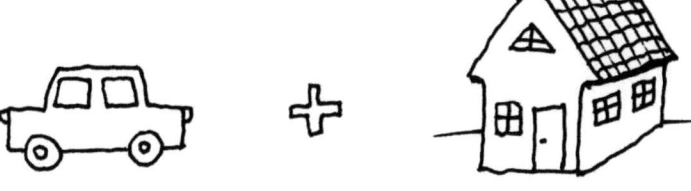

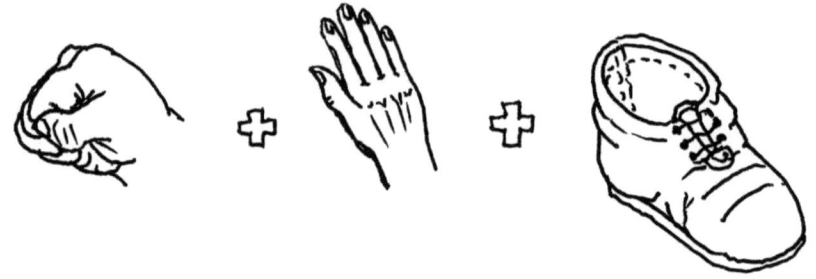

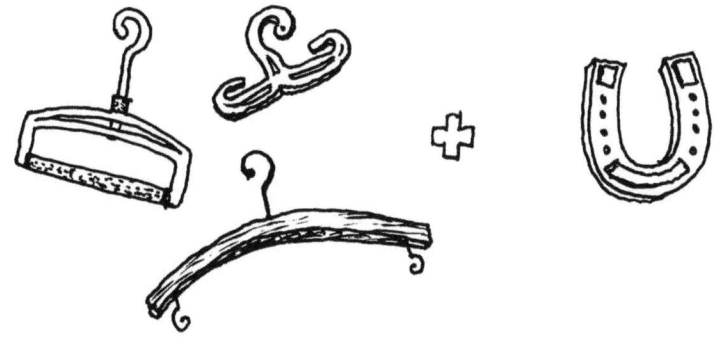

 +

 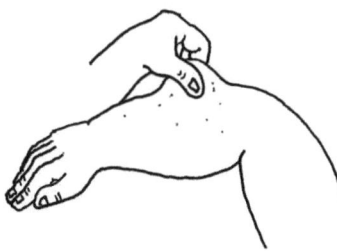

GELB
+
BLAU

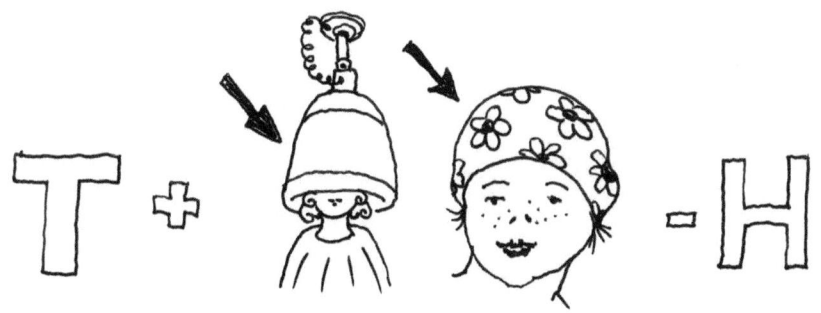

T + ... - H

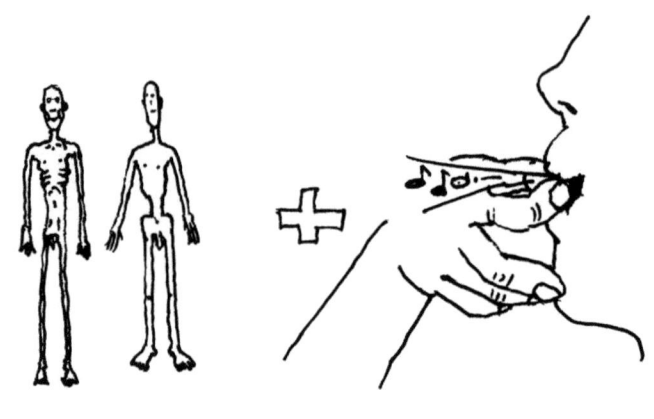

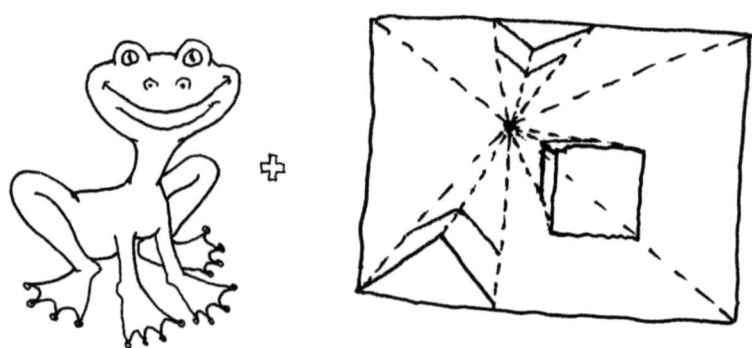

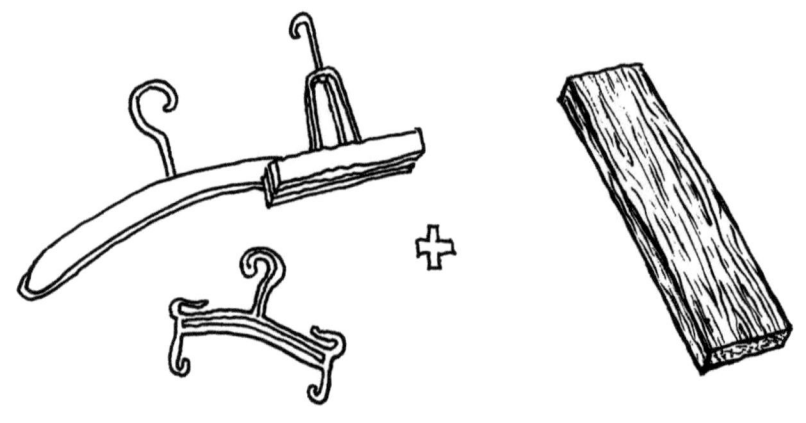

Gute Nacht*

h

+ OMA OPA COUSIN
MAMA PAPA COUSINE
BRUDER ONKEL
SCHWESTER TANTE

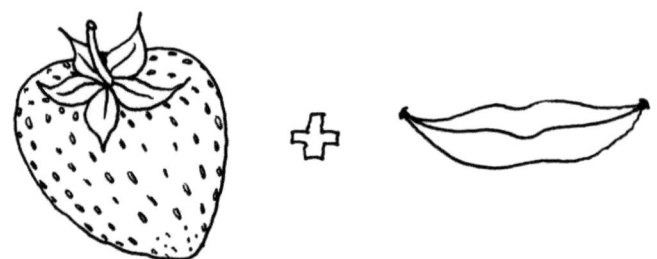

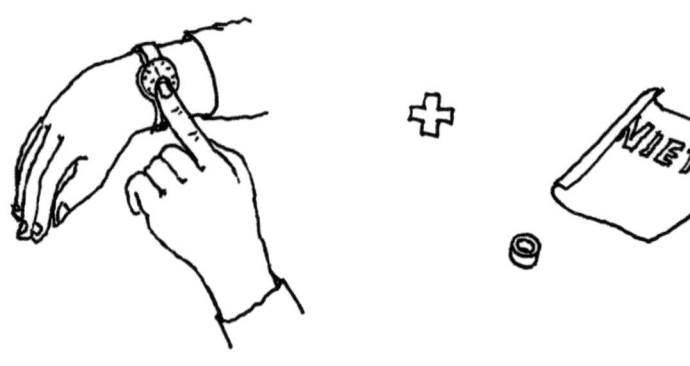

~~Das ist mir~~

Schnuppe!

 + 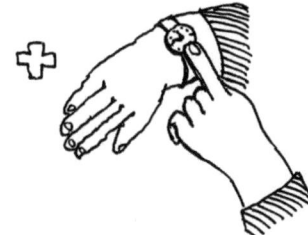 mit h

---

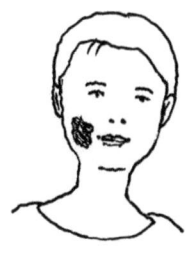 +  mit h

Grundfarben

BLAU
GELB

Grundfarben

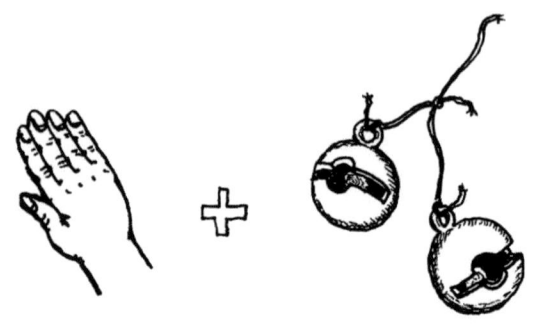

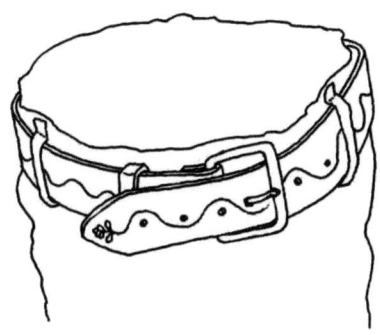 + _____

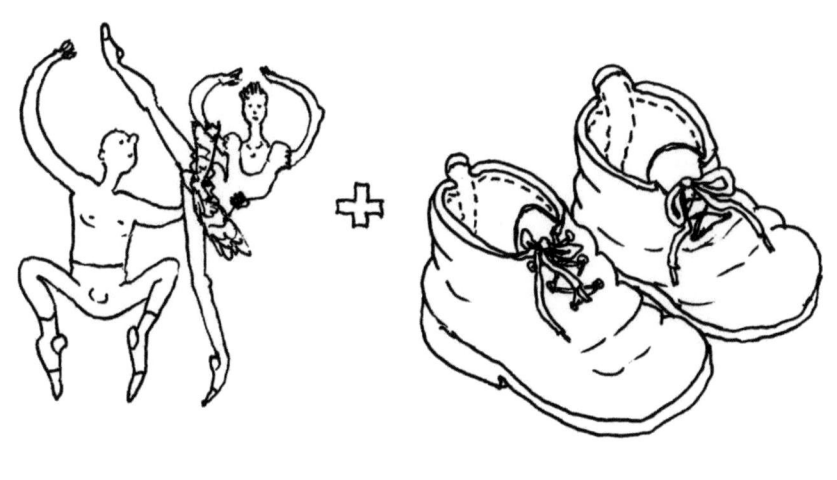

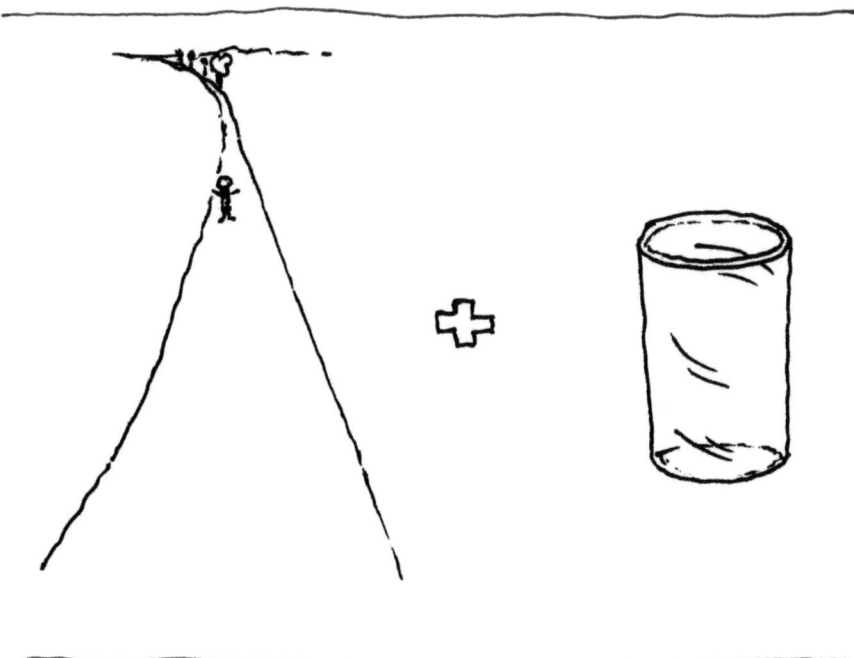

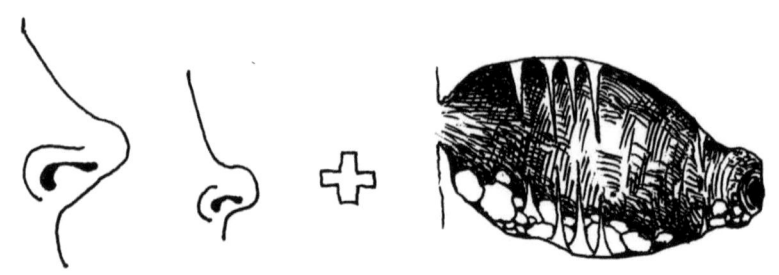

plumps

+

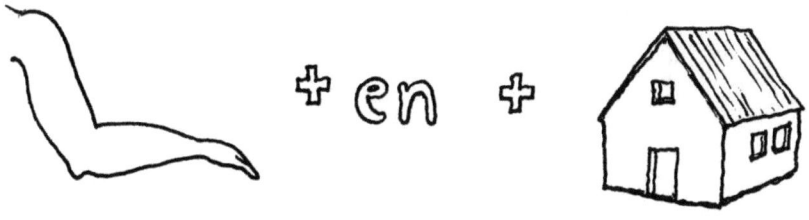

+ en +

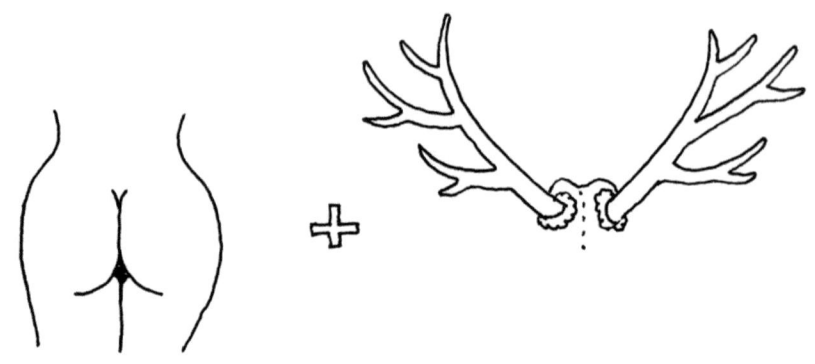

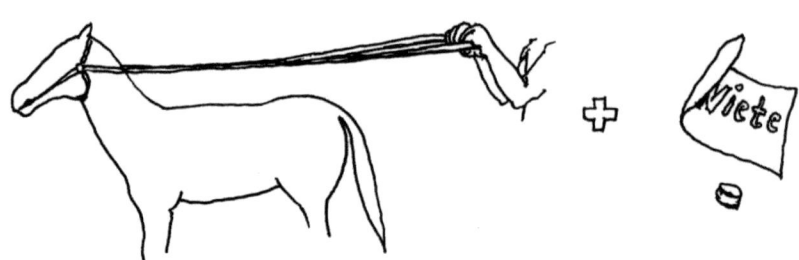

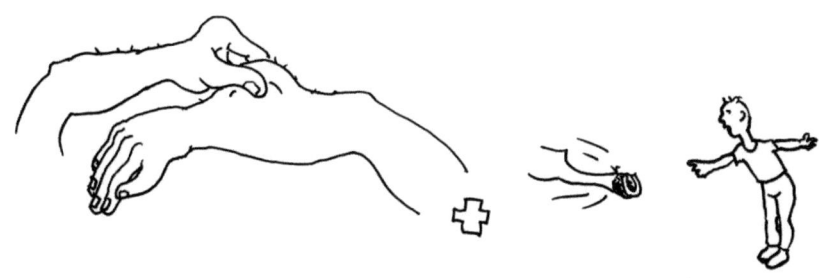

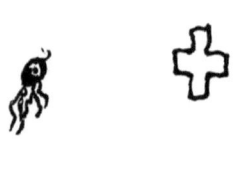 

 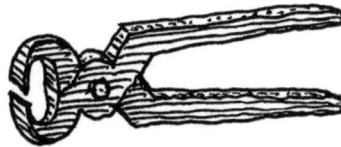

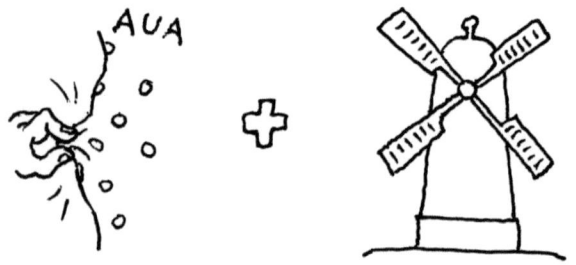

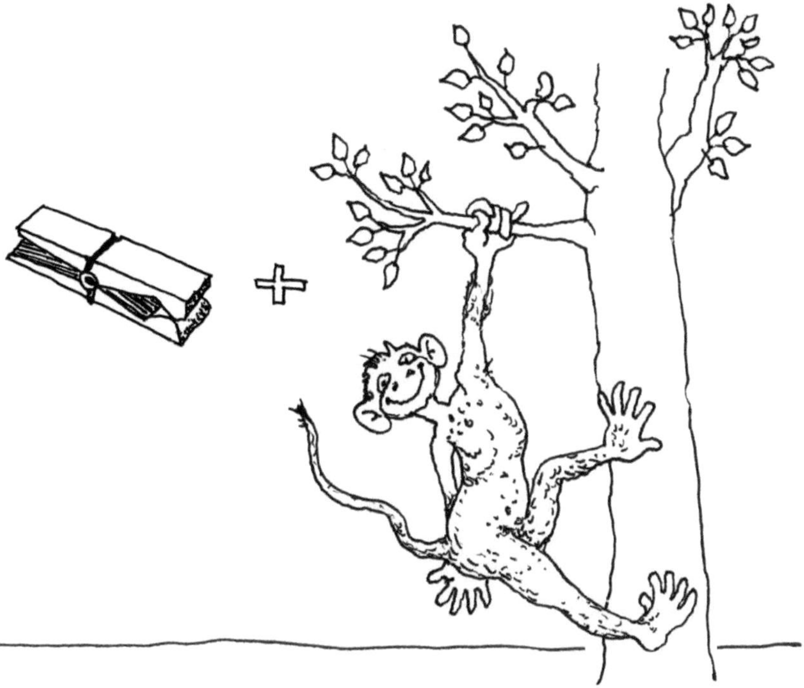

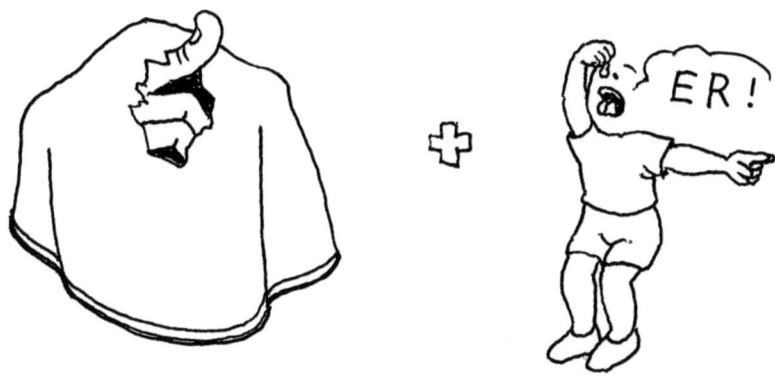

Lösungen

— — ❁ — —

1 Eisstand Flaschenhals
2 Leerzeichen Toilettenpapierhalter
3 Bengel Nachtfalter
4 Schweinerei Glockenblumen
5 Maiglöckchen Walnuß
6 Schneemänner Zungenbrecher
7 Nachtschatten Affenzahn
8 Nadelstreifen Nagelbrett
9 Sonnenschein Konfettikanone
10 Katzenklo Ziegelei
11 Laternenmast laufen
12 Kopfzerbrechen Schmetterlingsnetz
13 Tränensack Wiegemesser
14 Kopfkino Schlüsselbund
15 Schlangenbiss Hamsterrad
16 Handkuss Rohrzucker
17 Zählerstand rabenschwarz
18 Ikone Sackgasse
19 Einen schönen Tag! Autohaus
20 Fausthandschuh Herzrasen
21 Schweineigel Bügeleisen
22 Spielplatz Tischläufer
23 Nullrunde Faltenhaut
24 Ofenschieber Freundschaft
25 Notnagel Baumschnitt
26 Blindekuh Pferdemist
27 Flaschengrün Tauben
28 Zettelkasten Oberschenkel

29 Augenringe Liebespaare
30 Dünnpfiff Froschperspektive
31 Dachziegel Computermaus
32 Bügelbrett Ulknudel
33 Eierkopf Katzenjammer
34 Gute Nacht. Wahlverwandtschaft
35 Schweinehund Ameise
36 Erdbeermund zeitlos
37 Sternschnuppe Harnröhre
38 Fischköpfe Eierschale
39 Mahlzeit (2x)
40 Abendrot Sonnenanbeter
41 Morgenrot Adamsapfel
42 Handschellen Lesezirkel
43 Gürtellinie Ballettschuhe
44 Kugelblitz Stiefelspanner
45 Armbrust Fernglas
46 Nasenhöhle Wannenbad
47 Plumpsklo Armenhaus
48 Arschgeweih zügellos
49 Hautausschlag Schweinebacken
50 Flohpulver Fliegenschrank
51 Flaschendrehen Eiszange
52 Sommerloch Zwickmühle
53 Klammeraffe Schwarzer Peter
54 Schamhaar Herzensbrecher
55 Locher Handlauf
56 Teppichratten Sonnenbrillen

—— — ❀ — ——

Dank an

Sieglinde Josh Dora Christian

Leonore   Isolde   Patrick

Gio Conny Poul & Elfe

— ✳ —

Maren Roloff
2015

galactic-jokes-berlin.de